AF175313

Originalausgabe

Herstellung und Verlag: BoD – Books on Demand, Norderstedt

ISBN: 9783756819041

Friedenslyrik

Lebt für eine bessere Welt!

Vorwort: Gedanken des Friedens führen in den Frieden. Frieden bringt dir mehr Glück, Sicherheit und Freiheit als jede andere Sache der Welt! Fühle diese Gedichte, um dich mit ihnen auf den Frieden zu besinnen. Du kannst ein Friedenskind werden! Du kannst deinem Leben einen tieferen Sinn geben, der zum wahren Frieden führt. Lass dich von der Friedenslyrik inspirieren und lass sie dein Herz befrieden. Denn dein friedliches Herz wird dich glücklich und zufrieden machen.

Aus Gedanken des Friedens werden Taten des Friedens. Frieden wird der größter Sieg sein, den die Welt je gesehen hat. Frieden bringt dir Glück und zaubert dein Lächeln in dunklen Stunden zurück. Frieden rettet deine Freunde und deine Familie vorm Krieg. Du kannst der Frieden sein, der die Welt in etwas besseres verwandelt! Du lässt die Welt im neuen Licht erstrahlen! Sei Frieden und schenke deiner Familie und deinen Freunden Frieden. Mach sie glücklich durch deinen Friedensdienst und lerne das Glück eines friedlichen Herzens kennen. Die Friedenslyrik will dir dabei helfen!

Wir

Wie viel Frieden kannst du sein?
Ich frage dich und du fragst mich.
Wir fragen die ganze Welt!

Wir sind nicht allein
Und wir wollen uns vereinen.
Der Frieden wird uns befreien
Von Krieg und Diktatur.
Der Frieden wird unser glückliches
Zuhause sein.

Wir sind viele,
Aber im Frieden
Kann jede auch Mal allein sein.
Atme ein. Atme aus.
Schmeiß den Krieg aus
unserer Welt raus!

Friedenspaar

Wenn der Frieden gewinnt
Und wir endlich glücklich sind;
Dann will ich dich in den Arm nehmen
Und ich will mich mit dir zusammen
Im Kreis drehen.

Wenn der Frieden beginnt
Und unser Kind lacht und tanzt,
Dann will ich mich erinnern
Und werde mit den Tränen ringen
Und ich werde derer gedenken,
Dic im Krieg vergingen.

Leben

Das Leben
Lebt.
Der Krieg
Zerstört
Das Leben.

Der Frieden
Gewinnt.
Das Leben
Beginnt
Und endet
Friedlich
Glücklich.

Menschen
Kämpfen
Im Krieg
Oder für
Den Frieden.

Nur der
Friedliche
Mensch
Überlebt.

Inflation rockt hart

Schwer geschluckt.
Es trifft dich hart
Und es wächst der Druck.
Siehst du deinen Sarg?

Essen wird teurer.
Heizen wird teurer.
Fahren wird teurer.
Leben wird teurer.

Stirbt, wer das Leben nicht mehr bezahlen kann?
Lahm? Alt? Krank? Alleinerziehend?
Was wird mit euch geschehen?

Der Krieg bringt die Inflation.
Jedes Kind weiß das schon,
Wenn es in die Geschichtsbücher schaut.
Doch die Führer geben nichts drauf.
Warum auch?

Die Anführer haben genug.
Genug zum Essen.
Genug zum Heizen.
Genug zum Fahren.
Genug zum Leben.

Was wird aus uns?

Das Erbe der Erde

Im Frieden dürfen wir uns frei lieben.
Im Krieg müssen Frauen schnell
Söhne kriegen, damit sie an die Front gehen.

Mütter eure Söhne sterben
Und ihr könnt ihnen nichts
Als Grabsteine vererben.

Väter eure Töchter werden
Von Soldaten geschändet,
Während ihr selbst
In Arbeitslagern endet.

Eltern der Erde,
Welches Erbe wollt ihr
Den Kindern der Erde
vererben?

Hass verbrennt die Welt

Der Hass verbrennt die Welt.
Sie reden von Rassen und wahren
Geschlechtern.
Sie reden vom Stolz,
Den sie verteidigen müssen.

Hass ist ihre Antwort.
Krieg ist ihr Weg.

Ihr Hass verbrennt die Welt.

Sie reden vom Präventivschlag.
Sie reden von atomarer Abschreckung,
Mit der sie den Frieden bewahren wollen.

Milliarden für die Rüstung
Ist ihre Antwort.
Krieg ist ihr Weg.

Hass verbrennt die Welt!

Viel mehr Frieden

Viele Menschen
Kämpfen mit
Ihrem Denken.

Zu wenige Menschen
Lieben und viele werden zu Dieben
Ihres eigenen Glücks.

Zu viele Waffen
Werden produziert.
Zu wenig Diplomatie
Wird ausprobiert.

Zu viel wird die nächsten Generation zahlen.
Zu viel müssen die Kinder
Von Morgen ertragen.

Zu viel Zeit verstreicht,
Ohne dass wir den Preis
Für den Frieden eintreiben.

Denn wenn der Frieden beginnt

Wenn der Frieden gewinnt,
Bau ich mir ein Traumschloss
Und lade jedes Kind
Ein zu einem Zuckerkoloss.

Wenn ich den Frieden tanz
Und mit dir Arm in Arm
Am Abend glücklich lach,
Erliegst du meinem Charme.

Sie spielen den Frieden
Im Kino und im Fernsehen.
Wir liegen in den Wiesen
Und bauen uns verrückte Ideen.

Die Welt ist aufgewacht
Und fängt an zu lachen.
Wir vergessen unseren Hass
Und lernen endlich tanzen.

Denn wenn der Frieden gewinnt
Und wir zusammen sind;
Dann lacht jedes Kind
Und spielt geschwind.

Trolle

Das Leben
Ist heilig!

Wie kann ein Mann
Es opfern für seine Gier?

Ihr nennt sie Große.
Ich nenn sie Gestörte.

Jene Männer,
Die sich Könige,
Führer oder Präsidenten
Nannten.

Jene Männer,
Die befahlen
Zu morden
Und zu töten.

Sie töten dich
Und jeden,
Den du liebst.

Folge ihnen nicht!

Eine Welt des Friedens

Die Kinder des Friedens lieben,
Während ihre Herzen fliegen.
Die Kinder des Friedens tanzen
Und sie lachen und erschaffen.

Ein Paar des Friedens küsst
Und lebt mit leidenschaftlicher Lust.
Ein Paar des Friedens tanzt
Romantisch Hand in Hand.

Die Stadt des Friedens strahlt
Im hellen Freiheitsglanz.
Die Häuser des Friedens wirken
Zwischen grünen Birken.

Teenager im Frieden
Können sich frei lieben.
Alten Menschen bringt
Der Frieden großen Gewinn
Und einen glücklichen Sonnenuntergang.

Iss und trink den Frieden

Wir essen.
Wir trinken
Und genießen.

Wer isst, trinkt
Und genießt
Im Krieg?

Zerbombte
Restaurants.
Zersprengte
Speisesäle.

Vergiftete Burger,
Verschimmelte Pizzen
Und Wasser
Voller Bakterien.

Dichter und Denker

Im Land der Dichter und Denker,
Aber niemand denkt mehr frei
Oder dichtet den Frieden herbei.

Im Land der Dichter und Denker,
Aber dichten und denken
Tut das Volk nicht mehr.
Sie sind jetzt Sportler und Entrepreneurs.
Sie sind jetzt Influencer und Fotografen.

Im Land der Dichter und Denker
Wird es immer finsterer.
Dunkle Wolken stehen am Horizont.
Die Welt droht im Chaos zu versinken.

Die Welt braucht Dichter und Denker.
Im Land der Dichter und Denker
Wird der Frieden erdichtet
Und die Freiheit erdacht.

Lied des Friedens

Im Wind spielt eine Melodie.
Auch die Blätter singen mit.
Es ist das Friedenslied.

Alle Völker dieser Erde
Singen dieses alte Lied.
Alle Kinder der Erde
Kennen seinen Text.

Der Wind ruft deinen Namen.
Die Blätter sind dein Heim.
Blase deine Blockflöte und
Sing das alte Friedenslied.

Die Berge werden dich tragen,
Die Sonne für dich scheinen.
Blase deine Blockflöte und
Sing mit mir das Friedenslied.

Im Wald bricht Licht durchs Blätterdach

In einem einzigen Moment endet der Frieden und beginnt der Krieg. Doch es wird Jahrzehnte dauern die Wunden des Krieges zu heilen.

Wie ein Tropfen Öl im Wasser verseucht ein kleiner Krieg unsere Welt jahrelang.

Ihr seid aufgerufen, euer Leben in den Dienst des Friedens zu stellen. Ja Hunde bellen und Katzen miauen. Genauso sollten wir Menschen den Frieden auf Erden für alle Wesen aufbauen.

Was macht uns menschlich, wenn nicht unser Streben nach Frieden? Was macht uns glücklich, wenn nicht unser Leben im Frieden? Was macht uns frei, wenn nicht die Existenz des Friedens?

Radeln

Am Fahrradweg.
Viele radeln
Mit friedlichen Gedanken.

Den Sonntag im Herz.
Das Fahrrad unterm Po
Zieht der Wind vorbei.

Gräser und Bäume.
Durch den hügeligen Wald
Radeln wir bis zum See.

Lachen auf den Lippen.
Glückstränen im Lid.
Der Wind und das Fahrrad
Befrieden unser Herz.

Du

Endlos viel Gefühl steckt in jedem deiner Augenblicke. So viel Liebe wartet in dir darauf, raus in die Welt zu treten.

Lass es zu! Öffne dich! Sei dein Herz! Sei der Augenblick. Sei ganz du selbst und nicht die Normen und Werte, die Generationen an Missgunst, Neid und Hass uns vererbten.

So viel Gutes kannst du tun! So viele kannst du heilen. Fang mit dir an. Tue dir gut. Heile dich selbst.

...und dann geh raus in die Welt.

Beweg dich friedlich

Find den Weg,
Der in den Frieden geht.

Nimm den Pfad
Zum ewigen Friedenstag.

Fahr auf den Straßen,
Ohne zu hassen.

Biege ab
Zum Friedenspfad.

Renn die Stufen rauf
Beim Friedenslauf.

Steig ins Flugzeug ein
Und fliege in den Friedensschein.

Unsere Kinder sind der größte Schatz

Frieden leben,
Um der Kinder willen.
Frieden geben
Für der Kinder Leben.

Kriege stoppen,
Um der Kinder willen.
Kriege mobben
Für der Kinder Leben.

Lachen lernen,
Um der Kinder willen.
Glück erwerben
Für der Kinder Leben.

Sinn finden,
Um der Kinder willen.
Herzen verbinden
Für der Kinder Leben.

Kein Sex im Krieg

Der Schweiß tropft heiß:
Unter der Bettdecke
Tummeln sich zwei Wühlmäuse.
Eine schwarz, einer weiß;
So was geht im
Friedensreich.

Du willst dich frei lieben?
Dann willst du Frieden!
Nur im Frieden dürfen
Wir Menschen uns
Frei lieben!

Sieh in die Geschichtsbücher! Die Pfaffen, Päpste, Könige, Generäle und Führer brauchten Soldaten. Neue Soldaten hier. Neue Soldaten da. Schnell gemacht. Schneller! Fickt sie herbei!

Fickt! Fickt! Fickt!

Aber die Kriegsherren bestimmen, wer mit wem für ihren Krieg ficken darf.

Du willst dich frei lieben?
Dann willst du Frieden!
Nur im Frieden dürfen
Wir Menschen uns
Frei lieben.

Kinder des Friedens lieben

Greift unbedingt zu,
Wenn der Frieden winkt.
Wir haben nicht genug
Vom Friedenswind.

Alte Augen sehen
In den Weltfrieden.
Werden sie erleben,
Wie sich alle lieben?

Wir singen die Lieder
Des wahren Friedens,
Während wir wieder
Freundschaften schmieden.

Gemeinsam siegen
Und triumphieren, da wir
Uns im großen Frieden
Alle lieben.

Wir haben Macht

Wir:
Das sind
Du und ich.

Wir
Haben
Möglichkeiten.

Wir
Lassen
Sie verstreichen.

Wie
Lange noch?
Wie
Lange noch?
Wie
Lange noch
Bis wir
Anfangen,
Für den Frieden
Zu kooperieren?

Politiker und Politikerinnen

Wir lesen es online.
Wir lesen es gedruckt.
Wir hören es im Radio.
Wir sehen es im TV.

Der Krieg ist zurück!

Er kam über Nacht.
Er kam unerwartet
Für mich, doch dann
Hab ich recherchiert.

Unsere Politiker haben es
Gewusst, vermutet und gerochen.
Doch sie haben nichts getan.
Nichts getan! Nichts getan!

Der Krieg ist zurück.
Er kam Stück für Stück
In unser Leben zurück.
Es ist verrückt zu wissen,
Dass die Parlamente es
Vorher wussten und
Nicht genug unternahmen.

Der Boden ist gefroren

Der Krieg kam zurück.
Keiner von uns hätte damit gerechnet.
Er verändert Stück für Stück
Alles, worauf wir gewettet.

Der Krieg frisst das Geld:
Wir wussten nicht,
Wie teuer die Welt
Plötzlich ist.

Der Krieg ist zurück.
Wir sehen die Bilder.
Es wirkt so verrückt
Und wird immer wilder.

Die Toten auf dem Schlachtfeld
Stapeln sich zu Bergen.
Heute leben wir im Zelt.
Morgen werden wir sterben.

Im Parlament

Wir brauchen das Gefühl!
Wir wollen es spüren!
Dass wir wichtig sind.
Dass man uns wahrnimmt.

Das Land am Abgrund
Und wir sind allein.
Die Welt steht Kopf
Und wir stehen allein.
Der Weltuntergang droht
Und wir stehen allein.

Unsere Politiker thematisieren,
Ohne uns zu sehen.
Unsere Politikerinnen konkretisieren,
Ohne uns zu spüren.
Sie debattieren und beschließen,
Ohne dass es zu uns führt.

Der Kopf ist abgetrennt
Und der Körper stirbt.

Erschaff die Friedenskultur!

Sing mit mir das Friedenslied
Und zerstöre damit den Krieg.

Tanz mit mir den Friedenstanz
Und lass uns den Hass weglachen.

Mal mit mir ein Friedensbild,
Während wir gemütlich chillen.

Guck mit mir den Friedensfilm,
Nachdem wir buntes Gemüse grillen.

Rap mit mir zum Friedensbeat
Und reime mir ein Friedenslied.

Lass die Friedensparty starten
Und uns nicht länger
Auf den Frieden warten.

Kinder

Kinder lachen
Und unsere Herzen tanzen,
Wenn wir sie lachen sehen.

Kinder sterben,
Wenn wir verderben,
Weil Korruption und Hass
Uns kaputt machen.

Kinder tanzen
Mit ihren Spielsachen,
So lange wir es schaffen,
Den Frieden zu bewahren.

Kinder singen
Und ihre Lieder klingen
Schön in einer heilen Welt.

Kinder wachsen
Auch wenn sie Faxen
machen und geben weiter,
Was wir sie lehren.

Kettenglieder

Wenn Frieden in unseren Herzen lebt,
Ist das der wahre Weg.

Auf dem wahren Weg finden wir den Sinn
Und mit dem Sinn gewinnt jedes Kind.

Jedes Kind weiß,
Jeder Krieg fordert einen hohen Preis.

Der Preis des Friedens
Ist die Liebe zu allen Menschen und Tieren.

Auch Tiere sterben,
Wenn wir nicht durch die Welt ziehen
Und für den Frieden werben.

Wir werben für eine friedlich Erde,
Denn sie ist unser stolzes Erbe.

Taifun

Dunkle Wolken hängen über der Welt und
Atompilze drohen aus dem Boden zu sprießen.

Blutrot tropft der Regen und der Wind
schneidet scharf ins Gesicht.

Donner und Blitzkriege grollen am Horizont.
Ein Panzersturm wirbelt die Wüste auf.

Eine Flutwelle aus Propaganda droht das Land
zu überschwemmen. Schon jetzt steht uns das
agitatorische Wasser bis zu den Knien und es
steigt minütlich.

Der Himmel ist finster und der Blutmond tanzt
mit Lasersternen. Der Schweif einer Rakete
zieht einer Sternschnuppe gleich hoch oben
vorbei.

Unser Traum

Im Traum seh ich ein weites Feld. Milliarden Menschen stehen dort und halten sich an den Händen. Sie singen ein Friedenslied.

Ihre Stimmen sind viele und klingen doch wie eine. Milliarden Menschen und ein Frieden. Milliarden Menschen, deren Stimmen in einem Friedenslied als eine erklingen.

Im Traum seh ich die Menschen tanzen. Sie haben die Ketten gesprengt aus Geschlechtern und Rassen. Sie haben die Mauern aus Sprachen und Klassen eingerissen und tun einfach nur tanzen.

Alle sind vereint in meinem Traum. Alle lachen und tanzen. Träume können wahr werden. Wir können alle friedlich miteinander tanzen.

Du bist der, auf den wir warten!

Hör mir zu!
Ich bitte dich,
Höre mich an!
Die Welt braucht dich.
Die Welt braucht deinen Mut.

Du!
Ja du,
Ich meine dich.
Du bist so viel mehr,
Als du bisher denkst.
Du hast so viel Macht
Und Möglichkeiten.
Also hör
Mir endlich
Zu.

Ja, du!
Ich rede mit dir,
Vor allem mit deinem Herz:
Geh raus mit allem
Was du bist,
Was du hast
Und was du sein kannst
Und rette die Welt.

Nah von hier im Krieg

Leichenberge. Ganz nah tobt ein Krieg und die Leichenberge wachsen.

Folterkeller. Ganz nah von mir betreiben kriegerische Armeen Folterkeller. Mit Wasser und Elektroschocks. Mit Schlägen und Stockhieben. Mit großem Hunger und kalter Dunkelheit.

Vergewaltigungen. Jüngst erzählten sie in den Nachrichten, wie die Offiziere ihre Soldaten zu Vergewaltigungen aufrufen, um den Willen des eroberten Volks zu brechen.

Atomkatastrophe. Nicht weit von hier in einem heißen Krieg beschießen die Soldaten die Atomkraftwerke mit Granaten. Jüngst sind wir knapp an einem atomaren Winter vorbei geschlittert. Denn fast hätte der Kriegsherr der Angreifer den roten Knopf gedrückt.

Lebensfragen

Am Ende deine Lebens
wirst du zurücksehen.
Was willst du dann sehen?

Dein Leben endet in
Glück oder Leid.
Was bist du bereit,
Für dein Glück zu tun?

Wie viele Stunden,
Wie viele Tage und
Jahre bleiben dir noch?

Sinn bringt Glück.
Krieg zerstört Stück für Stück.
Wie verrückt:
Kann ein Mensch
Gestört genug sein,
Sich für Krieg zu entscheiden?

Wir!

Finde dich in mir.
Finde dich in ihr.
Finde die Verbundenheit,
Die unser Leben bestimmt
Und erkenne den Sinn des Friedens.

Verbunden als eins.
Als viele vereint.
Wir sind wir.
Du in mir
Und ich in dir.

Wir leben friedlich
Oder sterben
Schmerzlich.

Der Tod kommt im Frieden.
Der Tod kommt im Krieg.
Im Frieden werden
Wir davor ein Leben
Voller Glück erleben.

Wir sind und
Wir werden sein:
Vereint!

Sterbende Natur

Tränen aus Blut.
Die Bäche färben sich rot
Und das Land ertrinkt.

Dunkle Wolken am Horizont
Von den Bombern,
Die unser Land erschüttern.

Die Bäume brechen
Und Beine und Arme
Werden abgetrennt.

Die Mütter weinen,
Denn wieder sterben
Zahllose Kinder.

Eine Sonnenfinsternis
Verdunkelt unsere Herzen
Wegen all der Schmerzen.

Die Felder verdorren.
Nur die Leichenäcker füllen
Sich mit Gliedern und Köpfen.

Heiliges Heil

Das Leben ist heilig.
Du bist heilig,
Denn du lebst.

Ehre das Heilige,
Lebe mit vollen
Atemzügen.

Der Krieg raubt!
Er raubt dein Geld,
Deine Freunde und dich.

Der Krieg zerstört dich
Und nimmt dir alles,
Was du für wertvoll hältst.

Du willst leben.
Du willst lieben und lachen.
Dann sei dein Wille Frieden.

Der Frieden ist heilig,
Denn der Frieden heilt
Die ganze Welt.

Träum weiter!

Wenn der Traum vom Frieden
Wieder wie eine Seifenblase platzt,
Dann gib nicht auf,
Sondern lebe weiter und
Erfülle gegen alle Widerstände
Unseren Traum.

Wenn der Traum vom Frieden
Wieder wie eine Seifenblase platzt,
Dann sieh nicht in die Trümmer,
Sieh in dein Herz und begreife:
Viele fühlen wie du.

Wenn der Traum vom Frieden
Wieder wie eine Seifenblase platzt,
Dann spuck in die Hände und
Fang von vorne an, ihn zu erschaffen.

Wenn der Traum vom Frieden
Wieder wie eine Seifenblase platzt,
Dann verzweifle nicht,
Denn nach jeder dunklen Nacht
Kommt ein goldener Sonnenaufgang.

Sag ja zu dir

Reise nicht mit bösem Herzen.
Wenn du reist, lade die Liebe ein
Und trage den Frieden in die Welt.

Lebe nicht mit kaltem Herzen.
Das Leben ist ein Geschenk.
Nimm den Augenblick an
Und genieße jeden Tag.

Handle nicht mit harten Taten.
Denn alles kommt zurück.
Deshalb gib, wo immer du kannst
Und helfe selbst dem doofsten Mann.

Gehe nicht blind durch die Welt.
Diese Erde ist ein großes Wunder.
Es ist ein Wunder frei zu gehen.
Sieh das Schöne und erfreue
Dich daran.

Liebe nicht auf leise Art.
Schrei deine Wahrheit raus
Und zeig der Welt,
Wer du wirklich bist.

Unsere menschlichen Geschichtsbücher

Ich blättere mich durch die Geschichtsbücher der Erde. Es fällt mir schwer, die Tränen zurück zu halten. Ich bin ein Mensch genau wie die, von denen diese Geschichten aus Gewalt und Hass erzählen. Was stimmt nicht mit uns?

Die Zahl der Kriege ist unzählbar. Niemand hat sie alle aufgeschrieben. Aber das spielt gar keine Rolle. Denn es ging immer um Menschen wie dich und mich. Menschen wie wir haben sich das angetan. Lass mich dir sagen: Ich werde dich niemals erschlagen, niemals foltern oder quälen. Ich will dich nicht erschießen, erstechen oder quälen. Ich weiß, du willst es auch nicht. Also frag ich dich, was lief falsch in der Geschichte unserer Menschheit? Kein Mensch mit gesundem Kopf will einen andern töten oder quälen. Doch machen wir die Geschichtsbücher auf, stapeln sich die Opfer. Lager und Massaker gab es so viele. Milliarden Frauen scheinen vergewaltigt worden zu sein von Menschen, deren Mütter genauso weiblich waren wie ihre Opfer. Und dann die Kinder. All diese armen, unschuldigen Kinder! Es ist so schlimm, ich kann nicht mal drüber reden.

Deutschland

Schwinge
Und klinge.

Tanze
Und lache.

Wir haben es geschafft in diesem Land:
Jahrzehnte des Friedens sind es,
Die jetzt hinter uns liegen.

Waren wir nicht die größte Kriegsnation?
Waren wir nicht die schlimmsten
Kriegsverbrecher?
Waren wir nicht das reine Böse?

Zweimal stürzten wir die Welt im Namen des
Kreuzes in den Krieg. Es waren die ersten
beiden Weltkriege.

Mögen es die letzten sein.
Mögen diese beiden Weltkriege
Die letzten Weltkriege sein!

Möge der Weltfrieden erscheinen
Und für immer bleiben und verweilen!

Zeitenwende

Er atmet lange aus.
Einst war da sein Zuhaus'.
Jetzt starrt er auf die Trümmer
Und ertrinkt im Kummer.

Die Haare sind jetzt grau.
Noch sind ihre Augen blau.
So alt ist sie schon geworden
Und hatte nie den Krieg gesehen.
Doch jetzt ist er gekommen.

Sein toter Leib liegt verteilt
Im verdreckten Gartenteich.
Granaten haben ihn zerrissen
Und durch die Luft geschmissen.

Das kleine Kind weint,
Denn es ist jetzt allein.
Aus Eltern wurden Leichen,
Die sie nie wieder erreichen.

Schulen fallen zerbombt zusammen.
Spione werden nicht gefangen
Und mehr Menschen sterben,
Als wir vertragen.

Wähle dich

Wähle!
Wähle weise!
Wähle jetzt!

Im Frieden werden wir uns die Hände reichen. Im Krieg werden wir aufeinander schießen!

Wähle!

Wir haben die Wahl.
Du hast die Wahl
Und ich hab sie auch.
Ich wähle Frieden.
Was wählst du?

Alle Kriege
Wurden gewählt
Von einer Kriegspartei,
Die dabei unterging.
Denn der Krieg verschlingt
Jedes Menschenkind!

Also überlege! Also lebe!
Wähle!

Wähle den Frieden,
Um weiter zu leben.

Fliegend lieben

Frei sein
Im Frieden.

Im Frieden
Frei lieben.

Im Krieg
Sterben.

Sterbend
Im Krieg liegen.

Sich friedlich
Lieben.

Liebend sich
Befrieden.

Siech im Krieg.
Siege im Friede.

Die Zahl der Opfer ist unvorstellbar

All die unnötigen Morde ...

Bist du bereit, etwas dagegen zu tun?
Bist du bereit, aufzustehen?
Bist du bereit, dir die Hände schmutzig
Zu machen, damit eines Tages alle
Kinder glücklich lachen?

All die unnötigen Morde ...

Sinnlose Gewalt findest du überall auf dem
Erdball. Guckst du genauer hin, findest du die
Folterkeller und die zahllosen
Vergewaltigungsopfer.

All die unnötigen Morde ...

Die Spirale der Gewalt macht vor keinem Halt.
Jene die Gewalt säen, haben sie zuerst bei
Anderen gesehen. Aber wann, wo und wie
Stoppen wir diesen Kreislauf der heiß-kalten
Gewalt?

All die unnötigen Morde ...

Streit, Neid und Hass

Ein kleiner Streit
Stapelt sich zu Kriegen.

Geben wir
Die kleinen Streite auf,
Fällt der Krieg zusammen
Wie ein Kartenhaus.

Der kleine Neid
Giert und giert
Und sät den Grund
Für Krieg.

Geben wir
Unseren Neid auf,
Fällt der Krieg zusammen
Wie ein Kartenhaus.

Fangen wir gar
Nicht erst mit dem Hassen an.
Jedes Kind weiß es schon,
Dass sich Hass nicht lohnt,
Denn er endet immer in Gewalt
Und furchtbarem Streit.

Unten

In den Luftschutzbunkern singen sie Lieder und tanzen. Die Magie der Musik hilft ihnen die dunkle Angst zu vergessen. Denn sonst fressen sie die Sorgen auf.

In einem schmutzigen Kindergesicht siehst du die Wege, die ihre Tränen liefen. Gestern spielte sie noch draußen. Heute versteckt sie sich unter der Erde und drückt ihren Teddybär fest an ihr Herz.

Ihr Mensch fürchtet sich. Das kann die junge Hündin sehen. Es ist laut. Es ist kalt. Sie sind nicht Zuhaus und es sind viele Menschen hier. Sie versteht nicht warum, aber sie fühlt die Angst ist echt und es lauert Gefahr.

Unten tanzen sie und lachen und hoffen auf kleine Augenblicke, in denen sie den Krieg vergessen können. Doch seine Realität kommt wie ein Faustschlag ins Gesicht zurück, wenn die Erde über ihnen von den Bomben und Raketen erbebt.

Friedenslust

Kein Bock mehr auf Krieg.
Bock auf echten Frieden,
In dem alle Sorgen
Unnötig werden.

Keine Lust mehr auf Krieg,
Aber Lust auf echten Frieden,
In dem wir uns vertrauen
Und in dem wir uns alle lieben.

Bin des Krieges müde,
Aber erwache zum Friede,
Indem ich den Hass verdränge
Und mich öffne für Friede.

Der Krieg langweilt mich
Und der Frieden ist spannend.
Krieg ist immer gleich,
Aber der Frieden abwechslungsreich.

Kein Interesse an blöden Kriegen,
Aber Interesse an schönen Frieden.
Denn die Welt wird strahlen,
Wenn wir den Frieden wagen.

Glücklich vereinen

Wir könnten alle glücklich sein,
Würden wir nur aufhören uns zu hassen.
Wir könnten uns alle vereinen
Ohne trennende Schranken.

Wir sind geboren und atmen
Und träumen von Sicherheit.
Wir sind verdammt zu warten
Auf die echte Freiheit.

Wir sind so viele
Und werden noch mehr.
Es warten die Siege
Des Friedensheers.

Wir reichen uns die Hände,
Denn wir sind müde.
Wir reißen ein die Wände
Und zerstören die Lüge.

Wir könnten alle glücklich sein
Und uns für immer vereinen!

Sieg mit Frieden

Krieg macht alle zu Verlierern.
Im Frieden werden wir alle zu Siegern.

Schlag die Geschichtsbücher auf! Lies nach wie die
großen Kriegsherren gewaltsam den Tod fanden
oder wahnsinnig wurden. Sie waren die Herren des
Krieges und verloren doch. Jeder von ihnen. Jeder!

Krieg macht alle zu Verlierern.
Im Frieden werden wir alle zu Siegern.

In den kriegerischen Staaten gibt es auch für die
Familien der Soldaten kaum Glück. Die ständige
Angst ihren Sohn, Mann oder Bruder zu verlieren,
Sorgt für schlaflose Nächte.

Krieg macht alle zu Verlierern.
Im Frieden werden wir alle zu Siegern.

Auch die Soldaten der Angreifer leiden: Angst vorm
Tod, fern von ihren Familien und die Alpträume
mit den Geistern ihrer zahllosen Opfer.

Krieg macht alle zu Verlierern.
Im Frieden werden wir alle zu Siegern.

Gründe für den Frieden

Vergiss alles,
Was du je besaßt,
Außer du kämpfst
Für den Frieden.
Denn der Krieg
Wird dir allen Besitz
Nehmen.

Vergiss alle,
Die du je geliebt,
Außer du kämpfst
Für den Frieden.
Denn der Krieg
Wird dir alle Geliebten
Nehmen.

Vergiss dich
Am besten auch,
Außer du kämpfst
Für den Frieden.
Denn der Krieg
Wird dir dein Leben
Nehmen.

Noch ist Zeit

Der Krieg könnte dir alles nehmen,
Sogar das Leben deiner Nächsten.
Lass sie nicht untergehen
Durch die bösen Armeen.

Noch ist Zeit, es zu verhindern.
Deshalb musst du dich erinnern
Und täglich etwas tun
Mit friedlichem Heldentun.

Noch ist Zeit ihn aufzuhalten
Und den Hass auszuschalten.
Also werde tätig
Und sei gnädig zu dir selbst.

Der Krieg könnte dir alles nehmen,
Sogar das Leben deiner Nächsten.
Rette sie durch den Frieden,
Denn er lässt die Hoffnung siegen.

Widme dein Leben
Dem ewigen Frieden.
Vollende jeden Tag
Eine Friedenstat.

Such den Frieden

Gib deine Suche niemals auf
Und finde den Frieden!

Er ist noch verborgen.
Sieh in jede Ritze.
Sieh unter die Couch.
Sieh in dein Handy.

Noch versteckt er sich.
Such ihn hinterm Busch.
Such ihn im TV.
Such ihn überall.

Noch wartet er auf uns.
Vielleicht sitzt er im Café.
Vielleicht sitzt er an der Spree.
Vielleicht in einer Shishabar.

Noch hast du ihn nicht gefunden.
Aber gib nicht auf.
Gib niemals auf!
Ich vertraue darauf,
Dass du ihn findest.

Es ist schön

Wir trainieren hier und auf dem Spielplatz toben die Kinder aus dem Kindergarten. Ein kühler Wind weht und zwischen den Wolken lächelt die Morgensonne.

Es ist schön. Es ist schön, am Leben zu sein.

Er zieht sich um. Er wird heute sportlich bis ans Limit gehen. Das macht ihm Spaß. Sie dreht sich um und das Kindergartenkind läuft ihr lachend in die Arme.

Es ist schön. Es ist schön Dinge zu tun, die Spaß machen.

Er lächelt, denn er ist. Sie lächelt, denn sie denkt zufrieden an ihn. Sie beide sind friedlich verbunden, auch wenn sie gerade an zwei verschiedenen Orten sind.

Es ist schön. Es ist schön, verliebt zu sein.

Jahrtausend

Seit Jahrtausenden träumen wir vom Frieden.
Werden du und ich den Weltfrieden noch
erleben?

Seit Ewigkeiten wollen Frauen gleiches Recht.
Wie kann ein Mann Ehre besitzen, wenn er der
Mutter nicht zollt gleichen Respekt?

Die Idee der Rassen ist erfunden und in diesem
Wahn haben wir uns böse geschunden.

Lass sie sich doch frei lieben. Lass die
gleichgeschlechtliche Liebe vor den Traualtar
ziehen!

Die Angst vor Fremden ist eine Blase, aber
Gastfreundschaft eine heilige Gabe.

Leben wir ohne Hierarchie, denn Unterdrückte
lachen nie.

Seit langem wäre der Frieden machbar. Wann
wird der Weltfrieden wahrhaft wahr?

Eure Masken

Wenn wir aufhören zu träumen, hören wir auf zu leben. Wir müssen die Wahrheit unseres Herzens leben, um glücklich zu sein. Er fragt dich: "Kommen die Kriege in die Welt, weil die Menschen mit Selbstlügen leben?"

Im Spiegel schaut dich ein Mann an. In der Selfie Kamera lacht dich eine Frau aus. Eure Masken sind starr, denn sie sind nicht euer wahres Selbst. Ihr seid Profis geworden, anderen ein Bild vorzumachen, sodass ihr euch mittlerweile selbst dieses Bild vormacht. Aber darunter schlummert die Wahrheit und etwas in euch vergisst euer wahres Gesicht nicht.

Die Selbstlüge macht aggressiv. Sich selbst pausenlos zu betrügen macht depressiv. Fühlt ihr euch gut mit eurem Hass und dieser dunklen, zerstörerischen Kraft, die der Volksmund Depression getauft hat?

Grenzen des Zuschauens

Fern und
Doch ganz nah
Donnern die Raketen.

Im TV,
Auf jedem Sender
Sind die Flüchtlingsströme.

Überall,
Bei jedem Einkauf
Spüren wir die Inflation.

Zeitungen
Erinnern an die Zeiten
Des kalten Krieges.

Selbst 45'
Winkt am Horizont,
Falls wir nicht aufwachen.

Die Debatten
Im Parlament verraten
Die Hilflosigkeit unserer Welt.

Gefrorener Erdhügel

Tränen in der Nacht
Nach dem Bombenanschlag.

Hoffnung stirbt,
Das Tränengas verwirrt.

Stummes Weinen hallt
Im vergewaltigten Wald.
Allein sitzt sie da.

Der Träume Pfade
Werden zu Alpträumen
Am helllichten Tage.

Tränen wehen im Wind
Über dem toten Kind.

Die leise Hoffnung verrinnt;
Das Zielfernrohr bestimmt
Und nimmt.

Der Mob hat getobt,
Aber die Besatzer sind verroht
Und haben sie alle abgeknallt.

Szenen

Im Morgengrauen wandert sein Blick über die Skyline. Er sieht die Hochhäuser und die Regierungsgebäude. Noch immer qualmt es und in seinen Ohren dröhnt der Luftalarm der letzten Nacht.

Sie hält das stumpfe Messer fest und schält die Kartoffeln. Viel haben sie nicht hier unten im Bunker und sie fragt sich, wie lange es der alte Gaskocher noch macht?

Stummer Gesang dringt durch den Nebel. Sie kann das Feuer in der Tonne sehen und zählt drei Männer, die sich daran wärmen. Sie ist froh endlich hier zu sein. Es hat sie zwei Tage gekostet, von der Front zu fliehen. Es hatte zwei ihrer Mitreisenden das Leben gekostet, als sie auf eine Mine getreten waren. Immerhin hatte ihr geliebter Hund überlebt.

Gelächter. Zigarettenqualm steigt auf. Durchs knarzende Funkgerät kam die Eilmeldung eines erfolgreichen Gegenangriffs und der ganze Schützengraben lacht.

Du bist die ganze Welt

Du bist ein Teil der Welt. Jeder Mord ist ein Mord an dir. Jede Vergewaltigung wird deinem Körper angetan. Wenn ein Kind hungert, ist es dein Magen, der knurrt.

Du bist ein Teil der Welt. Wird ein Mensch erschossen, dann stirbt ein Teil von dir. Wird ein Tier gefressen, wird ein Teil von dir verzehrt.

Du bist ein Teil der Welt. Dein Herz fühlt jeden Schmerz der Erde. Dein Herz fühlt jedes Lachen. Dein Herz liebt, wenn der Frühling die Liebe sät.

Du bist ein Teil der Welt. Deine Schritte sind die Schritte aller Menschen. Deine Worte sind die Sprache der Welt.

Du bist ein Teil der Welt. Wenn die Erde lacht, lachst du. Wenn du glücklich bist, dann wird es jeder sein. Wenn du dich freust, wird die ganze Welt strahlen.

Schulen und Krankenhäuser

Als die Bomben auf die Schulen fielen, weinten viele. Unschuldige Kinder starben und die Welt hielt den Atem an.

Zu schnell vergaß die Welt und kehrte zum Alltag zurück, während die Bomben weiter auf Häuser und Familien fielen.

Wir alle hätten es stoppen können, falls wir uns endlich zur globalen Gemeinschaft bekennen. Wir hätten die Macht gehabt, doch nun liegen mehr im Sarg.

Eine vereinte Erde kann den Krieg stoppen. Eine vereinte Menschheit die Kriegsherren foppen. Doch solange wir zweifeln und streiten, werden uns die Kriege zerreißen.

Wieder fallen Bomben auf Kinder. Wieder droht der atomare Winter. Wieder müssen wir uns eingestehen, dass würden wir vereint da stehen, wäre es ein friedlicheres Leben auf Erden.

Gewinn die Friedenslotterie

Im Frieden wird die Liebe sprießen. Im Frieden werden all die schönen Dingen wachsen und gedeihen.

Du willst mehr. Dann bade im Friedensmeer. Dein Reichtum wächst in einer Friedenswelt.

Das Leben gewinnt, wenn der Frieden gewinnt. Du gewinnst, wenn Frieden ist.

Alle deine Träume werden wahr am Friedenstag. Was du willst, wird dein sein. Wovon du träumst, wird wahr.

Der Frieden bringt dir Glück und will nichts davon zurück. Er will, dass du lachst und schöne Sachen machst. Denn im Frieden kannst du lachen über tausend schöne Sachen.

Zerbrochene

Zerbrich
An der Welt.
Zerbrich
Am Schmerz.
Zerbrich
Am Verlust.

Du bist nicht allein. Auch ich bin zerbrochen.
Schmerz ist die Währung der Welt.
Geraubtes Glück.

Die Versprechen platzen
Und unsere Hoffnung stirbt.

Zerbrich
An der Gewalt.
Zerbrich
Am Hass.
Zerbrich
Am Krieg.

Alt

Mein Blick
In die Vergangenheit zersticht.

Die grauen Fotos
Der Leichen stürzen
Mich ins Chaos.

Die Erinnerungen
An die Menschheit
Zerreißen alle Hoffnungen.

Die alten Geschichten berichten
Von den trüben Aussichten
Und den Millionen Verletzten.

Das alte Denkmal
Ist ein leerer Sarg
Für die gefallenen Soldaten.

Das gemalte Bild
Zeigt die fehlende Hilfs-
Bereitschaft unserer Ahnen.

Einst traf ich einen alten Mann
Aus einem Konzentrationslager.

Welche Geschichten willst du
Den Kindern der Erde berichten?

Bilder

Bilder von zerbombten Wohnhäusern erschüttern
uns.
Bilder von zerbombten Schulen desillusionieren
uns.

Bilder von toten Soldaten schockieren uns, denn wir
könnten das sein. Wir könnten auch die Opfer in
den Folterkellern oder die Leichen aus dem Wald
sein, deren Hände hinten gefesselt, deren Augen
verbunden und in deren Köpfen eine Kugel steckt.

Bilder gehen um die Welt. Aber verändern sie uns,
führen sie uns in die richtige Richtung?
Werden wir, wenn wir die Bilder sehen, mehr für
den Frieden tun?

Nein! Die traurige Antwort ist nein.
Angst! Die traurige Reaktion ist Angst.

Statt von jetzt an alles für den Frieden zu tun,
erstarren wir in Angst. Statt von jetzt an eine
bessere Welt aufzubauen, erstarren wir in Angst.

Angst hat uns gebannt. Angst lässt uns erstarren.
Angst ist die Ursache des Hasses.

Unsere Welt

Unsere Welt träumt vom Frieden
Und versinkt im Alptraum des Krieges.

Unsere Welt will sich umeinander kümmern,
Doch wir säen den weltweiten Hunger.

Unsere Welt will zusammen arbeiten,
Doch wir tun uns zerstreiten.

Unsere Welt kennt den richtigen Weg.
Warum tut sie immer den falschen geh'n?

Unsere Welt wünscht sich Glück.
Doch tut sich emotional zerstückeln.

Unsere Welt hat Hoffnung verdient
Und nicht den ständigen Krieg.

Unsere Welt verdient eine neue Chance,
Also reicht euch die Hände!

Friedenspolitik

Lebt und
Seht nicht
Nach links
Und rechts

Lebt und
Geht nicht
Links oder
Rechts

Werdet
Geerdet
Mit mitfühlender
Politik

Seid
Gerecht
Und nicht
Links oder
Rechts

Helft allen
Mit allem
Ohne selbst
Zu fallen

Baut darauf
Eine bessere Welt auf

Sternenkinder

Wir werden bald zu den Sternen fliegen.

Wollen wir den Krieg dorthin mitnehmen?

Willst du, dass die Sternenkinder sich
bekriegen, so wie die Wesen hier auf Erden?

Es ist Zeit! Jetzt ist der finale Augenblick! Jetzt
beginnt die letzte Chance!

Wir können die Quellen des Krieges für immer
austrocknen. Wir können die Ursachen des
Krieges für immer beenden. Wir können den
Grund des Krieges für immer zerstören!

Jetzt! Hier! Für die Kinder der Sterne!

Das menschliche Band

Ist einer von uns versklavt,
Dann sind wir alle Sklaven.

Wird eine von uns vergewaltigt,
Dann wird jeder unserer Körper geschändet.

Was einem geschieht,
Geschieht uns allen!

Wir, das sind du und ich,
Sind durch das Band der Zeit
Und die Familie der Menschheit
Ewig verbunden.

Wir, das sind du und ich,
Leiden und leben vereint.
Wir weinen und wir feiern
Gemeinsam im Licht
Von Mutter Erde.

Gemeinsam

Es zieht uns zueinander,
Denn wir brauchen uns.

Der Krieg zerreißt das Band,
Das uns menschlich macht.

Der Frieden fördert Eintracht
Und gibt der Liebe Kraft.

Zwist und Streit zerschlagen
Unsere Völker weltweit.

Die Zeit ist reif, endlich
Füreinander einzustehen.

Du bist ein Teil der Welt.
Du bist die Antwort, die fehlt!

Die traurige Wahrheit

Wir könnten,
Doch wir tun es nicht.

Wir wollen,
Doch wir tun es nicht.

Wir sollen,
Doch wir tun es nicht.

Wir wünschen uns,
Doch tun nichts dafür.

Wir könnten im Frieden leben,
Doch tun nicht genug dafür.

Wir wollen im Frieden leben,
Doch tun nicht genug dafür.

Wir sollen im Frieden leben,
Doch wollen es nicht genug.

Wir wünschen uns den Frieden,
Doch erträumen ihn nicht genug.

Wir sind das Volk

Misstrauen
In einem Meer
Des Blutes.

Diebe
Rauben uns
Den Glauben.

Gespalten
Ist unser Volk
Wie der Scheit.

Extremisten
Würzen scharf
Nach.

Wir
Ertrinken
Im Ozean der Propaganda.

Dunkler Nebel
Macht uns
Füreinander blind.

Erst im Wald
Werden wir gereinigt
Vom Zweifel befreit.

Zwei Länder weiter

Wenn das Kind
Vor dem Vater stirbt,
Dann steht die Welt Kopf.

In diesen Tagen
Hageln die Bomben
Und Granaten.

Zwei Länder weiter
Schreien und kreischen
Die Alten und Greisen
Vorm Winterfrost.

Wenn das Kind
Vor der Mutter Augen stirbt
Und von Kugeln zerfetzt wird,
Dann hält die Welt
Den Atem an.

Wie weit?
Wie nah?
Ist der Krieg
Von uns weg?

Wie lange noch
Schlafen wir sicher
Im Bett?

Friedensfreunde

Erinnere dich an uns.
Wir hatten Stunden,
Tage, sogar Jahre.

Erinnere dich an uns
Und die Freundschaft,
Die wir hatten.

Erinnere dich an uns,
An die friedlichen Stunden,
An die Zärtlichkeit.

Erinnere dich an uns.
Wir erzählten uns
Unsere Träume.

Erinnere dich an uns
Und lass die Erinnerung
Niemals verschütten.

Tosender Vulkanausbruch

Ein wilder Sturm fegt.
Die Erde erbebt.

Gemacht von Granaten.
Gemacht von Raketen.
Gemacht vom Hass.

Die Feuersbrunst wütet.
Die Erde verwüstet.

Zerstört von Soldaten.
Zerstört von Raketen.
Zerstört vom Hass.

Das Land verdorrt.
Der Hunger knurrt.

Geraubt von Schiffen.
Geraubt von Generälen.
Geraubt von Politikern*.

Das Land ertrinkt.
Die Gesellschaft stinkt.

Verdorben von Plakaten.
Verdorben vom Staatsfernsehen.
Verdorben von der Propaganda.

Freundschaft ist Frieden

Das Leben
Ist ein Wunder.
Bedanke dich
Durch geben.

Die Sonne lacht
Und schenkt
Uns Wärme.
Das ist ihre Macht.

Der Frieden strahlt
Und gibt uns frei.
Zeit, dass die Welt
Ihn wagt!

Der Krieg raubt
Uns das Leben.
Nur ein Dummkopf,
Wer an ihn glaubt.

Freundschaft ist
Der Weg zum Glück.
Möge unsere wachsen
Durch dieses Gedicht!

Veränderungen

Du flanierst in der alten Chaussee.
Sie steht und wird weiter bestehen.

Strom fließt.

Du genießt den Kaffee.
Er war teuer mit Karamell.

Die Heizung geht.

Du lebst deinen Kaufrausch aus
Und schaust nicht drauf,
Was es kostet.

Die Preise sind stabil.
Alles geht bergauf
Und wird sogar besser.
Dieses Gefühl war normal
Vor ein paar Jahren.

Dann kam Corona.
Dann kam der Krieg.
Du vermisst dieses
Unbeschwerte Gefühl.

Erwürgt im Strom des Krieges

Ich hoffte und verlor. Ich sah zerrinnen.

Dunkel kitzelt mich der Morgen wach. Jeder Tag
wird zu einem Grab.

Das Glück verpufft. Zerrissen ist der Augenblick.

Im Schein der Kerze. Verlorener Sinn.

Die Leben gehen. Der Tod übernimmt. Dazwischen
steht Hoffen auf einem überfluteten Feld.

Wenn ist, was scheint, mein Herz beweint. Wenn
war, was bewiesen, dann ist die Hölle hier.

Der Nebel frisst die Sonne auf und Schimmel frisst
das letzte Brot. Sieche.

Gekreuzt auf ihrem Rücken. Tödlich ist der Spinne
Netz.

Weder Mond noch Sonne, nichts kann ändern, dass
ich der Kummer Nahrung bin.

Für euch

Für euch sehn ich mich nach Frieden.
Euer Glück ist mir ein Heiligtum.

Ihr seid es, die mein Herz bewegen.
Es gehört euch ganz allein.

Die Liebe verbindet unsere Seelen.
Sie ist unser Band.

Das Glück auf euren Lippen
Ist mein schönster Pfand.

Euch gilt mein Hoffen,
Damit ihr sicher seid.

Der Zweck meiner Taten
Gilt eurer Glückseligkeit.

Verbunden sind wir an jedem Tag
Bis über den Tod hinaus.

Gefunden hab ich in euch
Den Sinn meines Lebens.

Zähle bis zum Frieden!

Einfach nur Kreise drehen
Und vergessen.
Einfach nur im Wald stehen
Und genießen.

Zweifach durch die Straßen
Spazieren.
Zweifach in den Gassen
Flanieren.

Drei Welten werden reich
Und befreit.
Keine Armut weilt
Mehr auf der Erde.

In vier Himmelsrichtungen
Finden wir keine Grenzen.
In vier Sitzungen
Werden wir uns vernetzten.

Viele Zahlen enden
In wilden Träumen.
Dunkle Zeiten wenden
Sich zu Friedensräumen.

Jahrtausendwechsel

Über der Welt hängen düstere Wolken. Eine Aura der Trübnis gräbt sich seit Jahren in unsere Herzen. Schon vor Corona starb jeden Tag unsere Hoffnung, als wir die neuesten Daten über den Klimawandel hörten. Dann kam die laute Seuche und die neue Angst voreinander. Die Lockdowns zwangen uns in den Spiegel zu sehen. Viele zerbrachen, weil sie sich selbst nicht ertrugen. Dann kam der Ukrainekrieg und mit ihm kehrte auch der Eiserne Vorhang zurück. Dreißig heile Jahre Geschichte wurde in einer Februarnacht zurück gedreht und wir befinden uns wieder im kalten Krieg, der nun heißer und technisierter ist als jemals zuvor.

Für einen Moment gab es Hoffnung. Es war die Jahrtausendwende und wir alle feierten unser Menschsein. Es gab damals diese Stimmung, dass alles mit der Zeit heilen könnte. Traurig hat uns die nackte Realität eingeholt.

Die Schrecken des Krieges

Die Inflation,
Welch ein Hohn,
Wusste jeder schon
Folgt dem Krieg,
Wie der Sieg
Dem Frieden folgt.

Die Seuchen
Scheuchen
Die reichen Leute
Hektisch auf
Und treiben sie
Der barbarischen Meute
Entgegen.

Der Hunger
Wird schlimmer,
Wenn der Bombendonner
Die Auschwitznummer
Noch an Bosheit
Übertrifft.

Die Not
Ist bereits
Groß genug
Und doch folgt
Ihr mehr Tod,
Als uns gut tut.

Vier Jahre

Sie schläft und träumt und ist gerade vier Jahre
alt.

Ihr Herz ist warm und fühlt. Die Welt ist kalt
und abgebrüht.

Jeden Tag scheinen die Katastrophen zu
wachsen. Jeden Tag scheint ihre Neugier zu
wachsen. Bei allem was sie sieht, ist ihr
Interesse geweckt und sie reckt ihre Finger aus,
um zu ergreifen.

Kaum vier Jahr in der Welt und sie hatte Glück.
Sie lebt in der reichen, freien Welt. Andere hatte
weniger Glück und lernen mit vier Jahren
schon zu hungern und zu schreien.

Du warst einst vier Jahr. Erinnerst du dich an
den Tag deiner Geburt? Erinnere dich! Fühle,
wie zart du warst. Spüre, wie verletzlich du
warst. Frage dich, was du den heute
Vierjährigen
wünschst!

Mädchen und Frauen dieser Erde

Töchter der Erde geraubt
Und milliardenfach missbraucht.

Wir hörten die Geschichten als Kinder. Als der
Eiserne Vorhang fiel, wurden zehntausende kleine
Mädchen ihren Eltern geraubt und auf dem
Sexsklavenmarkt verkauft. Bis heute müssen sie alte
Schwänze lutschen zum Nutzen für ihre fiesen
Sklavenhalter.
Wir hören die Geschichten aus den digitalen
Reiseführern. Viele kleine Jungs und Mädchen
müssen ihre Geschlechtsteile zurichten, um alte
reiche Sextouristen zu beglücken. Viele sind kaum
zehn Jahr und dennoch werden sie gefickt jeden Tag
des Jahres.
Wir hören hinter vorgehaltener Hand, wie im Islam
hunderttausende junge Frau gezwungen werden,
einen Mann als Begleiterin zu ehren. Sie dienen und
sie kriegen Kinder für ihn, denn er ist der Mann.
Wir dürfen es nicht mehr laut sagen, denn ihre
Gewalt reicht schon bis hoch in den Norden, indem
sie bei Kritik genauso morden wie die Faschisten
vor hundert Jahren.
Menschen der Erde, wir werden nie frei werden,
wenn wir nicht alle Mädchen und Frauen befreien
und sie mit gleichem Recht weihen!

Wie lange noch?

Wie lange willst du noch warten?

Wie lange noch, bevor du aufstehst und den Frieden lebst?

Wie lange noch, bevor du anfängst für den Frieden zu kämpfen?

Wie lange noch, bevor du den Frieden säst?

Wie lange willst du noch, die böse Kriegshetze unkommentiert hinnehmen?

Wie lange willst du noch, die Lügen über den Krieg ertragen?

Wie lange willst du noch schweigen, bevor du für den Frieden sprichst?

Naturschauspiele

Das Meer.
Das alte Floß.
Das kleine Kind am Strand,
Das nicht mehr atmet.

Der Wald.
Hölzerner Jägerstand.
Ein dumpfer Knall durchschneidet
Die Luft und ein Mann fällt hart.

Der Wind
Fegt kalt übers Land.
Ein paar Holzscheite und dicke Decken.
Heizung und Warmwasser sind ausgefallen.

Die Sonne.
Es brennt überall.
Vom Himmel fallen Stahlstrahlen,
Die Raketen genannt.

Am Fluss.
Zeit fließt und der Krieg kriecht weiter.
Tage werden Monate und Jahre.
Glatte Haut wird im Krieg
Schneller faltig als im Frieden.

Gegensätze

Der Tod raubt,
Was das Leben gibt.

Das Lachen schenkt,
Was die Tränen auflösen.

Reich ist,
Weil Arme sind.

Hell ist der Tag,
Bevor die Nacht beginnt.

Im Frieden siegt die Liebe;
Im Krieg der Hass.

Die Mutter gebiert
Und der Soldat krepiert.

Das Spiel der Welt
Ist unser ganzer Ernst.

Im Frieden

Wir leben. Unsere Bauchdecke hebt und senkt sich. Wir spüren das Dasein. Im Frieden können wir lachen. Im Frieden atmen wir ein und lächeln, während wir ausatmen.

Wir sind. Wir fließen von Moment zu Moment. Wir kosten das Glück der Zeit. Im Frieden können wir spielen. Im Frieden spielen wir als Kinder, Erwachsene und Senioren.

Wir reifen. Wir wachsen über uns hinaus. Wir werden mehr, als wir jemals zu träumen wagten. Im Frieden können wir lernen. Im Frieden können wir immer etwas neues ausprobieren und Abenteuer genießen.

Wir lieben. Wir verbinden unsere Herzen miteinander. Wir öffnen unser ganzes Wesen und verschmelzen auf magische Art. Im Frieden gedeiht die Liebe. Im Frieden können wir kuscheln und küssen und jeden Augenblick glücklich erleben.

Zwei Kinder

Ihre zwei Kinder spielen und naschen.

Wie groß sind die Sorgen der Mütter,
Wenn Krieg und Inflation grassieren?

O ihr Mütter der Erde,
Welches gewalttätige Erbe
Gebt ihr euren Kindern mit?

O ihr Mütter der Welt,
Welche Werte außer Geld
Gebt ihr euren Kindern mit?

O ihr Mütter der Erde,
Welche grenzenlose Liebe
Legt ihr ihnen in die Wiege?

Ihre zwei, kleinen Kinder tanzen und springen.
Ihr naives Lächeln verzaubert die Herbstluft.
Das Laub ist gelb und rot und die Sonne strahlt.
Es ist ein schöner Tag, solange Kinder lachen.

Angst und Hass

Aus Angst
Folgst du der Ideologie
Des Hasses.

Was hat deine
Angst erschaffen,
Wenn nicht der Hass?

Der Hass macht
Dich nicht stark.
Er treibt dich ins Grab.

Die Angst
Wählt nicht weise.
Ihre Entscheidungen
Führen in die Scheiße.

Angst und Hass
Machen dich schwach!
Doch es gibt andere Wege,
Die dir Frieden geben.
Einer davon heißt Liebe.

Rot und schwarz

Ich seh ihn.
Er sieht mich.
Misstrauen und Angst
Entstehen.

Ich seh sie.
Sie sieht mich.
Gierige Triebe
Verführen.

Wir sehen euch.
Ihr seht uns.
Doch wir sind
Gespalten und
Verängstigt.

Ich seh mich.
Du siehst dich.
In uns drin
Tobt ein Sturm
Und bringt uns um.

IN DIR

Mit großen Kinderaugen starrt er dich an und fragt: "Wie retten wir die Welt?" Und du denkst, dass Gör hat nen gutet Herz.

Haben wir das nicht alle?
Ich mein das gute Herz,
Ich mein den Wert
Für die Welt,
Der in uns zählt.

Jeder von uns war das kleine Kind,
Das mit hoffnungsvollen Augen in den Wind
Starrte und von einem schönen Leben träumte.
Zu viele desillusionieren.
Zu viele kapitulieren
Und geben sich selbst auf.

Es ist noch da!
Es ist noch da!
Es ist noch da!
Das kleine Kind.

Erkauftes Schweigen

Aus dunklen Herzen
Quillt ein finsterer Wunsch.

Die Welt wird wieder zittern
Und erbeben unter Panzern
Und Raketen.

Gierige Augen schauen
Und werden Menschen
Wieder ihr Leben rauben.

Junge Mädchen werden
Zu Frauen. Einst wurde sie
Geraubt, um anzuschaffen.

Alte Münder sabbern
Nach willigem Kinderplappern.

Fern in der armen Welt stehlen
Sie der Kinder heile Seelen,
Um sie mit ihren Schwänzen
grausam zu quälen.

Sachsenhausen

Der Qualm
Überm Schornstein
Ist versiegt.

Einst
Qualmten hier
Die Leichen
Der Inhaftierten.

Die Schießscharten
Sind alt.

Einst
Wurden hier
Hocheffizient
Menschen abgeknallt.

Die Zäune
Sind eingerissen.

Einst haben sie
Tausende Menschen
Eingeschlossen.

Die Baracken
Sind grau.

Einst wurde hier
Menschen das Leben
Geraubt.

Krieg ist dämlich

Krieg ist hart
Und lässt uns Menschen darben.

Krieg macht taub
Und wird dir dein Leben rauben.

Krieg ist dumm
Und macht uns hilflos stumm.

Krieg ist falsch
Und macht keinen reich.

Krieg ist fies
Und niemand siegt.

Krieg raubt unser Glück
Und gibt es nie zurück.

Krieg ist eine Sackgasse,
In der sich alle hassen.

Wähle Frieden, um zu siegen

Reichen wir uns die Hände
Und kämpfen wir für die Wende.

Kämpfen wir für den Frieden,
In dem wir alle siegen.

Kämpfen wir für den Sieg
Und gegen den Krieg.

Krieg ist der falsche Weg,
Weil dort jeder untergeht.

Krieg ist eine dumme Sache,
Weil sich dort alle hassen.

Krieg macht dich nicht glücklich,
Sondern ist für dich tödlich.

Frieden lässt dich lächeln,
Dein Herz tanzen und

Alle Menschen, die du liebst,
Werden im Frieden glücklich.

Geschichtsbücher

Wann ändern wir Menschen uns?
Lasst uns zusammen in die Bücher der Menschheit schauen. Sehen wir uns an, was wir uns alles angetan. Sieh das Leid. Sieh die Qual. Sieh die verpassten Chancen.

Wir blättern durch die Geschichte unserer Spezies. Wir sehen all die Gewalt und hören von der grenzenlosen Unterdrückung. Es verstört, denn sie sind wie wir und quälten sich doch ohne jegliches Mitgefühl.

Wie kann sein, was war? Welche kranke Kraft ließ Menschen das tun? Wir sehen uns die fiesen Folterwerkzeuge an. Von Streckbänken bis Eisernen Jungfrauen ist alles dabei und das sind keine Attrappen. Das haben sich Menschen wirklich angetan!

Dann sehen wir die Lager mit den Hakenkreuzen und wir sehen die Leichenberge. Mir wird schlecht. Mein Magen krampft und mein Herz hält an. Kein Mensch kann glauben, dass es das wirklich gegeben hat. Doch es geschah und ist noch nicht lang her. Warum? Wieso? Was passierte mit den fühlenden Herzen der Täter und wie begleichen wir unserer Ahnen Schuld?

Wir wollen Frieden!

Frieden
Will ich schenken.

Frieden
Will ich sein.

Frieden
Will ich geben.

Im Frieden
Will ich
Glücklich tanzen.

Frieden
Ist das Ziel.

Frieden
Ist das Paradies.

Frieden
Ist mein Traum.

Frieden
Ist die Art
Zu leben
Ohne Angst.

Heile Welt

Sand vom Kieselstrand.
Neuer Spielplatz.

Kinder springen
Und schwingen im Karussell.

Weicher Sand verwandelt
In Brot und Kuchen.

Ein paar Jungs spielen
Soldaten mit Panzern.

Fern ist der Krieg,
Aber Flüchtlinge sind hier.

Sie sind geflohen vor Granaten.
Haben sie Bomben im Gepäck?

Drei Mädchen balancieren
Und stolzieren als Ballerinas.

Friedlicher Sonntag nach der Zeitumstellung

Die Sonne dringt wärmend durch die Fensterscheibe. Wir liegen im Bett und morgen ist Halloween.

Wir lachen. Wir kuscheln. Der Moment ist friedlich. Der Moment ist schön.

Ich mach das Fenster auf. Ein kühler Lufthauch kitzelt meine Füße und eine Biene huscht hinein. Sie beschnuppert alle unsere Gegenstände und verabschiedet sich dann schweigend zurück in die Natur.

Ich kritzele in meinen Zeichenblock und spiel Vivaldi auf dem elektronischen Klavier. Dabei lieg ich weiter im Bett, beweg mich nicht viel und genieße den Frieden.

Sie ist schon im Bad und macht sich die Haare nass. Als sie wiederkommt, blitzt ihre nackte Haut unterm Handtuch. Mein Schritt wird hart und ich muss lachen.

Sieh der Wahrheit ins Gesicht!

Erschreckend!
Erschreckende Bilder.
Der Schrecken fährt in unsere Glieder.

Traurig.
Traurige Wahrheit.
Die Trauer der Kriegswaisen tut uns leid.

Fehler.
Die Fehler des Krieges.
Der Fehler, den Krieg zu starten, kostet uns den
Friedenssieg.

Schmerzen.
Schmerzende Erkenntnis.
Wir erkennen unter großen Schmerzen
Das Missverständnis.

Qual.
Quälende Nachrichten.
Die Menschen in den Kriegsgebieten
Erzählen ihre quälenden Kriegsgeschichten
Und wir verstummen.

Friedenstanz

Sei
Frieden
Kreise
Heil

Finde
Den Weg,
Der ins Glück
Führt
Taste
Im Dunklen
Nach dem
Licht

Leb den
Augenblick,
Den der Frieden
Bringt
Krieg raubt
Dein Haus
Und deine
Freunde

Frieden bringt
Und singt
Das Glück herbei
Deshalb sei
Frieden
Und lerne
Alle zu lieben

Matsch

Erschöpft bricht er zusammen. Das Blut klebt an seinen Händen. Sein Atem geht und haucht kalten Dampf in die Luft aus. Neben ihm liegt der Kamerad. Der Matsch des Schützengrabens klebt an ihrer beiden Kleidung.

Donnernd grölt das Maschinengewehr. Ihre Stellung hält, doch minütlich fällt ein Kamerad. Er trägt die rote Binde und ist da, um zu verarzten. Doch wie verarztet man mit einem Stück Binde und einem Paracetamol eine zerfetzte Brust? Soll er die Gedärme einfach wieder reinstopfen und drumherum wickeln?

Es ist eiskalt. Sie zielen. Sie schießen. Doch niemand hat Zeit ein neues Feuer zu schüren. Langsam kriecht der Frost ihre Beine hoch. Die Finger am Abzug gefrieren und bald werden die Zehen schwarz.

Seine Hände leuchten unterm Mond. Seine Hände strahlen unterm Sternenlicht. Es blitzt das Blut seiner Brüder an seinen Fingern und es gefriert.

Blitze zerreißen das Himmelszelt

Tränen laufen ihre Wange entlang. Sie bilden einen großen Fluss, der zu einem Ozean wird. Im Stress wird ihr Haar grau und vereint sich mit den dunklen Wolken am Horizont. Ein Sturm wächst in ihrem Schatten und fegt über die Welt. Seht ihr fahles Gesicht blitzen im kahlen Winterwald. Alle Blätter liegen am Boden genauso wie ihre dunkle Stimmung. Die Kälte kriecht vom Boden hoch und raubt den Kronen ihren Saft.

Er verliert sein Haar über all die Sorgen. Löwen und Wölfe holen die Jungtiere. Ihr aller Verlust ist ein dunkles Loch. Was fällt, wird nimmermehr gesehen. Leer bleibt der Ort, nur voll von Vermissten. Ihr Kreislauf macht schlapp unter der Ohnmacht der Gefahr, so wie die Welt im Klimakollaps zusammen bricht. Der Arzt kam mit blauem Tütata und versucht zu helfen. In der kalten Nacht steht der Krankenwagen und der Atem der Sanitäter schält sich matt in den Himmel.

Doch jede Rettung kommt zu spät. Sie gräbt ihre Hände verzweifelt ins Gesicht. Tiefe Furchen bilden sich. Die Raketen graben sich in die Landschaft und ihre Krater reißen Wunden in die Stadt.

Krieg oder Frieden?

Im Frieden werden wir tanzen und lachen.
Im Krieg uns Sorgen machen.

Glücklich werden wir sein, wenn die
Friedenstauben fliegen.
Verzweifeln werden wir, sobald wir unseren
Frieden verlieren.

Wir haben zu essen und zu trinken.
Doch im Krieg werden wir im Hunger versinken.
Der Frieden fühlt sich gut an.
Der Krieg macht uns zu Gefangenen,

Wenn wir in großen Lagern
Für die Kriegsherren graben und ackern!
Der Frieden ist unser Freund.
Der Krieg lässt uns alles bereuen.

Wenn wir uns im Frieden ehrlich lieben,
Werden wir uns im Krieg betrügen.
Wenn der Frieden gewinnt
Und wenn der Krieg alle umbringt.

Die Qual der Wahl: Leben im Frieden
Oder sterben im Krieg. Wähle und finde dein Glück,
Aber glaube nicht, dass es nach der Wahl einen
Schritt zurück gibt. Deshalb wähle weise!

Freiheit

Sind wir frei?

Mein Volk sehnte sich nach Freiheit tausend Jahre lang. Mein Volk war gefangen vom Krieg und seinen Herren.

Wann sind wir frei?

Wir sind freier als je zuvor. Doch wie frei sind wir wirklich und wie weit davon entfernt, dass jedes Kind des Volkes die Freiheit spürt.

Sind wir frei von Gewalt?

Jedes Opfer von Gewalt ist nicht frei von Gewalt. Jeder ermordete Mann besaß nicht die Freiheit vor Gewalt. Doch solange wir nicht frei sind von Gewalt, sind wir niemals frei.

Wann sind wir frei?

Ungeduldiges warten

Wir warten auf den großen Tag.
Wir warten auf den Frieden.

Die Zeit wird lang und länger.
Unterm Bombenterror ist
Das Warten kaum zu ertragen.

Wir warten ungeduldig.
Werden wir warten müssen
Über unseren Tod hinaus?

Wann? Fragt der Mann.
Weiß nicht, antwortet
Das kleine Kind.

Wann ? Frag ich dich.
Wir wissen es nicht.

Die Zeit wird knapp.
Denn mit jedem Tag
Kommen wir dem Ende nah.

Wann ist er da,
Der Friedenstag?

Kriegshetze

Die Idee des Kriegs
Hat wieder gesiegt.
Wieder weinen Mütter.
Wieder sterben Kinder
An Kugeln und Granaten.

Die Idee des Kriegs
Hat wieder gesiegt.
Wieder fliegen Raketen.
Wieder fallen Bomben
Und bomben die Menschen
Zurück in die Steinzeit.

Die Idee des Kriegs
Hat wieder gesiegt.
Wieder wird alles rationiert.
Wieder wird Hunger Realität.
Wieder droht die Hyperinflation.

Die Idee des Kriegs
Hat wieder gesiegt.
Wieder wird der Ton rauer.
Wieder wird es martialischer.
Wieder werden Zungen
Scharf wie Schwerter.

Die Idee des Kriegs
Hat wieder gesiegt
Und wir werden deshalb
Alle verlier'n.

Mutige Angst

Angst ist das neue Zeitgefühl. Wir haben Angst vorm Krieg. Wir haben Angst vor Inflation und Panik vorm Klimakollaps.

Wir können nicht ändern, was da draußen passiert. Das Chaos geschieht, ob wir wollen oder nicht. Aber wir können unser Herz befreien.

Angst kriecht deine Blutbahnen entlang. Angst hält deine Gedanken gefangen. Angst saugt deine Energie aus wie ein Vampir.

Befreie dich von der Angst und lebe entspannt. Die Welt ist, wie sie ist und sterben muss jedes Menschenkind, auch du. Doch was du fühlst an den Tagen, die noch bleiben, musst du selbst entscheiden.

Sieh mutig der Welt ins Gesicht. Sei mutig im Sturm, der auf uns zuhält. Ergreife mutig deine Chance und mach das Beste draus!

Endlich Frieden

Die Wahrheit ist,
Wir sind glücklich.
Frieden ist,
Wenn wir friedlich sind.

Im Krieg
Stirbt das Kind
Und jeder weint.

Der Sieg heilt,
Weil er Frieden ist.

Der Krieg raubt
Dir dein Lebenslicht
Und gibt es nicht zurück.

Das Leben tanzt
Im Friedenswald.
Die Menschen tanzen
Auf den Straßen,
Wenn der Krieg stoppt.

Das Volk gewinnt,
Wenn Frieden ist.
Es lacht und tanzt
Und nimmt sich
In den Arm.

L.

Frieden
Wähle ich.

Der Frieden
Zählt für mich.

Sag mir Freundin
Darf es sein?

Sag mir Freundin
Lässt du mich ein?

Mein Herz sehnt
Sich nach Glücklichsein.

Mein Herz will endlich
Frei sein.

Sag mir Freundin,
Unterstützt du mich?

Höre Freundin,
Ich liebe dich!

Glück und Frieden

Ich öffne mich
Und lasse zu,
Dass der Wandel
Mein Herz erweicht
Und mich Glück
Und Frieden erreicht.

Kein Ruhm, keine Ehre
Begehr ich mehr.
Denn ich will
Glücklich sein
Und im Frieden verweil'n.

Glück und Frieden
Sind mein Ziel und
Sollen es sein,
Bis ich ganz eins
Mit ihnen bin.

Glück und Frieden
Setz ich über
Alle kleingeistigen
Ziele!

Ich brauche dich!

Wie gern würde ich,
Doch ich allein kann nicht.

Doch wenn wir alle es wollen,
Können wir den Frieden aufbauen.

Allein geht es nicht.
Allein versage ich.

Halten wir zusammen.
Lasst uns gemeinsam anfangen.

Wie gern würde ich,
Doch allein kann ich nicht.

Wie gern würde ich Frieden geben
An alle Menschenwesen.

Doch allein kann ich nicht.
Deshalb brauch ich dich!

Weint mit mir

Die Erde weint.
Das Blut kleiner Kinder
Fließt in Bächen.

Der Mond weint.
Die Felder werden
Zu Leichenäckern.

Die Bäume weinen.
Gebunden an ihre Stämme
Erschießen sie die Dissidenten.

Die Sonne weint.
Von oben sieht sie
Die vielen verfeindeten Soldaten.

Der Wind weint.
Er trägt die Propaganda
Des Hasses von Ohr zu Ohr.

Die Berge weinen.
In ihren Tälern
Stapeln sich die Leichen.

Wir Menschen weinen
Über das Leid,
Das wir uns antun.

Eine bessere Welt ist friedlich

Ich greif zu, doch greife ins Nichts. Es war der Griff nach dem Frieden. Es war der Griff nach einer besseren Welt.

Sind wir dumm? Ich mein, so leicht könnte Frieden sein. So leicht könnte alles besser sein. Doch wir Menschen vermasseln alles. Wir kriegen es nicht hin.

Ich träum davon, aber scheinbar träum ich allein. Ich träum vom Frieden. Ich träum von einer besseren Welt.

Es ist nur Fantasie. Es ist nur ein Traumgebilde, das unwirklich und unerreichbar ist. Male mit mir die Idee des Friedens. Teile mit mir die Fantasie von einer besseren Welt.

Werden wir sterben, bevor es geschieht? Ich mein den Frieden. Ich mein die bessere Welt.

Pilze

Ein Traum wird zu Schaum.

Kein Mensch Europas hätte damit gerechnet. Doch er kam zurück: der Krieg. Mit einem Donnerschlag zerstörte er unser Bild der Realität. Wir sind jetzt andere als wir waren, bevor wir die Luft atmeten, die kaum einen Katzensprung von hier im Raketenterror erbebte.

Stundenlang saß jeder von uns vorm Fernseher oder vor YouTube. Es war zu krass, als dass es wahr sein könnte. Es wirkte wie im Film. Doch es war da. Es war wahr und es war nah.

Jetzt ist es so und gestern war es anders. Gerade heute zittern alle: Die Medien berichten, wie die Generäle der Angreifer den Atomschlag planen. Werden wir morgen im Atomregen sterben?

Der kleine, friedliche See

Hoffnung liegt in seinem Blick.
Er sieht nach vorne und nicht zurück.

Der Himmel öffnet sich und
Schenkt uns ein weites Blau.
Die Sonne kitzelt mich
Und baut mich auf.

Vertrauen auf unsere Kraft schafft
Und heilt das zweifelnde Herz.

Ich gehe die Schritte im Sand gebannt
Von der Schönheit der Natur.
Der Wind streichelt wild mein Gesicht.
Am Steg warte ich auf dich!

Liebe heilt die kranken Triebe
Und gibt unserer Welt Friede.

Am See sitz ich am Strand
Und schau dich schüchtern an.
Dieser Tag ist ein Geschenk.
Keine dunkle Wolke, noch weniger
Dunkle Gedanken trüben uns.

Der kleine Traum vom Frieden

Ein kleiner Traum besucht mich am Morgen. Ich sehe wilde, unberührte Felder und fliege über Urwälder, in denen die Bäume bis in den Himmel ragen.

Ein kleiner Traum klingelt beschwingt in mir. Ich tauche ins große Meer und schwimme mit den Delfinen. Ich lass mich treiben vom Strom und sehe bunt die Korallenriffe blinken.

Ein kleiner Traum klopft an meine Tür. Der Wind der Berge kitzelt meine Nase. Alte mächtige Gletscher strahlen im göttlichen Weiß. Mutige Gämsen schnuppern die Bergluft.

Ein kleiner Traum dringt in mein Herz ein. Eine kleine Oase taucht vor meinem geistigen Auge auf. Erhitzt vom Wüstensand trinken wilde Tiere aus ihrer Quelle und Reisende kosten ihre seltenen Früchte.

Ein kleiner Traum kitzelt mich wach. Ich fliege mit den Wolken und sehe auf die Erde. Alle Kinder spielen und lachen. Grenzen sind eingerissen und Feindschaft gibt es nicht mehr.

Friedensbett

Ich will Frieden sein
Und mich mit dir vereinen.

Im Frieden können wir tanzen
Und den ganzen Tag lachen.

Der Frieden ist der schönste Traum.
Komm, hilf mir ihn aufzubauen!

Lass uns den Frieden feiern
Wie bei den Schlaumeiern.

Ich will Frieden bleiben
Und lade dich dazu mit ein.

Du kannst der Frieden sein,
Dafür musst du dich beeilen.

Frieden kann uns alle retten
Und dich glücklich betten.

Kalte Welt

Tief kriecht
Der Schmerz
In mein Herz.

Die Welt verbrennt
An Hass und Gewalt.
Wir Menschen verbrennen
An Herzlosigkeit.

Tief drin der Stich,
Der mein Herz
Schmerzen lässt.
Tief drin der Blitz
Eines Gedankens,
Der mich die
Wahrheit erkennen
Lässt.

Wir fühlen
Und wir spüren
Und gehen daran
Zu Grunde.
Die Kälte der Welt
Zerstört alles Menschliche,
Das wirklich zählt.

Die Chance des Augenblicks

Frieden leben
Und niemals
Aufgeben nach
Frieden zu streben.

Zusammen sind wir stark.
Alleine sind wir schwach.
Zusammen gewinnen wir.
Alleine verlieren wir.

Jetzt in diesem Augenblick hat jeder von uns die Chance, in sich zu gehen und zu reflektieren. Ist der Weg, den wir gerade gehen, geprägt von Mitgefühl, Frieden und Herzlichkeit. Wenn ja, dann ist das wunderschön. Wenn nein, dann ist es Zeit, sich zu entscheiden. Willst du glücklich sein, friedlich und frei? Wenn das dein Wunsch sei, dann wähle den heilen Weg, der dich zu Mitgefühl, Frieden und Herzlichkeit führt. Jetzt in diesem Augenblick hast du die Chance. Jetzt ist es Zeit, sich zu entscheiden!

Greifen wir zu!

Spüre den Frieden
In den Ritzen
Der Realität.

Er wartet auf uns.
Er wartet nur darauf,
Dass wir uns ihm
Zuwenden.

Der Weltfrieden
Ist schon da!
Zu viele zweifeln
An seiner Wahr-
Heit.

Zweifelt nicht!
Öffnet euch für's Licht,
Dass der Frieden
Über die Welt wirft.

Fühlt in den Ecken
Und Winkeln den Frieden.
Er wartet darauf,
Dass wir uns ihm
Zuwenden.

Über den Autor

Niemand träumt wirklich vom Weltfrieden und wird um nichts in der Welt diesen Traum aufgeben und wird nach Nirgendwo gehen, bis der Weltfrieden wahrhaft lebt.